सात्त्विक स्वाद

करूणा ओम

ISBN 979-8-88783-968-4

अनुक्रमणिका

अनुक्रमणिका

परिचय

मैं करुणा ओम पिछले 5 वर्षों (2017) से बद्रिका आश्रम (हिमाचल प्रदेश) की निवासी हूं। यहां आने से पहले मैं मात्र एक गृहणी ही थी।

मेरे गुरुदेव 'ओम स्वामी जी 'के द्वारा दिए गए मंच (os.me) पर आश्रम के अनुयायियों की प्रेरणा, आग्रह व प्रोत्साहन पर मैंने लिखना शुरू किया।

अपने परिवार के प्रति अत्यधिक प्रेम के कारण पाक कला में नए-नए प्रयोग करना मेरा शौक बन गया।

यह पुस्तक मेरे जीवन के 33 वर्षों का सार है।

मुझे सात्विक व स्वादिष्ट भोजन पकाना पसंद है क्योंकि मैंने बचपन से अपनी मां द्वारा बनाया हुआ स्वादिष्ट भोजन ही खाया है।

किसी को भी भोजन बनाकर खिलाने पर मुझे एक सुखद अहसास व आनंद की अनुभूति होती है।

पाककला पर यह पुस्तक प्रकाशित करने का उद्देश्य— पाक कला की विधियों को सरल, सुरुचिपूर्ण व कम सामग्री द्वारा बनाकर नई पीढ़ी तक पहुंचाना ही मेरा उद्देश्य है।

जो बच्चे घर से दूर छात्रावास में रहते हैं यह पुस्तक उनके लिए भी अवश्य सहायक सिद्ध होगी। इसलिए मैंने पाक कला की विधियों के साथ भोजन की छवियों को भी सम्मिलित किया है, जिससे कोई भी निसंशय होकर कम समय में भोजन पका सके।

पाक कला की एक विधि को छवि सहित लिखने में मुझे 3 से 4 घंटे का समय लग जाता है।

भोजन पकाना एक प्रेम पूर्ण कार्य है किसी के प्रति प्रेम प्रदर्शित करने का यह सर्वोत्तम माध्यम है। कहा भी गया है—दिल का रास्ता पेट से होकर जाता है।

भारतीय परिवारों में भगवान को भोग लगाने की भी प्रथा है। भगवान को भोग लगाने से भोजन प्रसाद बन जाता है।

भोजन के समय ही परिवार के सदस्य अपने दिन भर के अनुभव को साझा करते हैं। सुरुचिपूर्ण व सुस्वादु भोजन के साथ घर का माहौल खुशनुमा व हृदय और भी अधिक आनंदित हो जाते है।

01

सफेद रसगुल्ला

कुछ मीठा हो जाए 😋😋

सब के पसंदीदा और कम समय में सरलता से बनने वाले सफेद रसगुल्ले की विधि से शुरुआत करते हैं।

1. सर्वप्रथम 100 ग्राम (पनीर घर में बना हुआ) को हथेली से रगड़ कर मुलायम कर ले। (8-10 मिनट का समय लगेगा)।

2. अब नींबू के आकार की गोलियाँ बना ले| सुनिश्चित कर ले कि उनमें दरार ना हो अन्यथा रसगुल्ले फट सकते हैं।

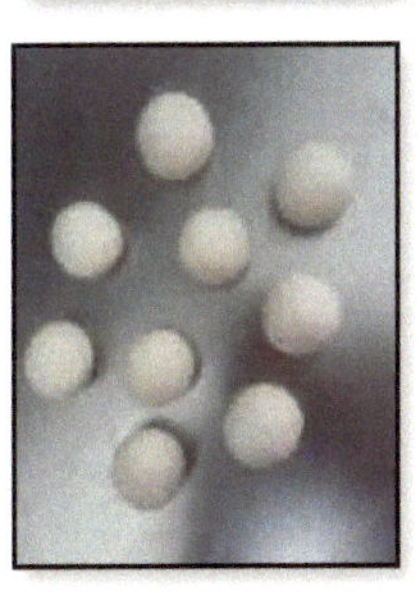

3. अब बड़े भगोने में आठ कटोरी पानी और दो कटोरी चीनी को घुलने तक पकाएं।

4. इसमें पनीर की गोलियों को एक-एक करके डालें और भगोने को ढक दे। गैस की आर्ॅच तेज रखें। एक साथ डालने से पानी का तापमान कम होने पर रसगुल्लो का आकार नहीं बढेगा। बार-बार खोलकर भी न देखे।

5. 15 मिनट बाद चम्मच की सहायता से रसगुल्लो को धीरे से पलट दे, तथा भगोने मे पानी कम होने पर उबला हुआ पानी ही डाले।

अब 15 मिनट रसगुल्ले को पकने दें।

6. इस प्रक्रिया में आर्ॅच को तेज ही रखें।।

7. रसगुल्ले तैयार हैं, गैस बंद कर दे। क्या रसगुल्लो का आकार 2-3 गुना बढ़ गया है?जी हाँ ....

8. एक घंटे बाद (ठंडे होने पर) फ्रिज में चार-पांच घंटों के लिए

रख दे।

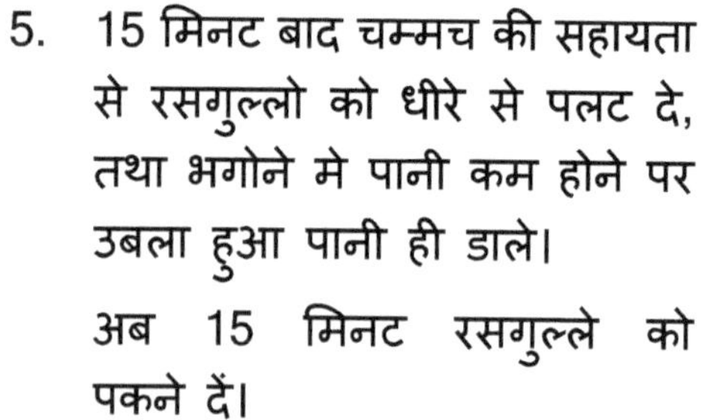

स्वादिष्ट खबड़ी रसमलाई 😋😋

मिठाईयों की बहार

रसमलाई बनाने की विधि भी सफेद रसगुल्ले की विधि के समान ही है। अंतर केवल इतना ही है कि सफेद रसगुल्लो के लिए हम नींबू के आकार की गोलियां बनाते है परंतु रसमलाई के लिए चपटी छोटी टिक्की के आकार जैसी।

1. रसमलाई के लिए चपटे रसगुल्ले तैयार है, गैस बन्द कर दें। 

2. एक कढ़ाई में 1 लीटर दूध को आधा रहने तक पकाएं।

3. दो चम्मच चीनी डालें व चीनी घुलने पर गैस बंद कर दे।

4. चपटे रसगुल्लो को उंगलियों से हल्का सा निचोड़ कर कांच के एक बर्तन में सजाएं।

5. कढ़ाई वाली गुनगुनी रबड़ी को रसगुल्लो के ऊपर डालें।

काजू, पिस्ता व केसर डालकर ठंडा होने के लिए फ्रिज में

रख दे।

गुलाब जामुन

बनाना सब से सरल

1. 300 ग्राम (डेढ़ कप चीनी) 2 कटोरी पानी डालकर हल्की चिपचिपी शहद (4 मिनट पकाये) जैसी चाशनी बना लें, चार इलायची और केसर भी डाले व गैस बंद कर दें।

2. एक कप भरकर मिल्क पाउडर ले (डेढ़ सौ ग्राम) एक चम्मच बारीक सूजी, दो चम्मच मैदा, चम्मच का तीसरा हिस्सा बेकिंग पाउडर एक चम्मच देसी घी डालकर अच्छी तरह मिला लें।

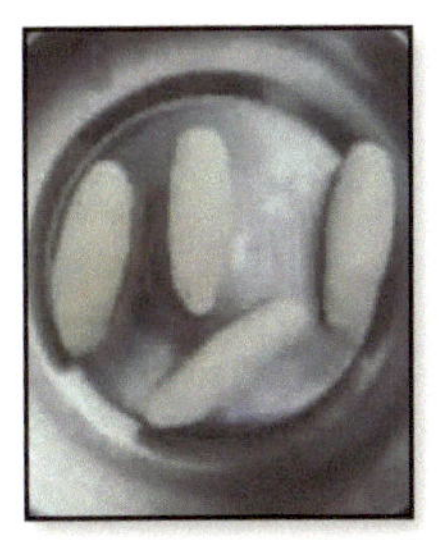

3. लगभग आधा कटोरी दूध (4 चम्मच) डालकर मुलायम मिश्रण बना लें। (अभी मिश्रण थोड़ा चिपचिपा लगेगा)।

4. 10 मिनट के लिए मिश्रण को ढक कर रख दे।

5. अब गुलाब जामुन बनाकर रख ले (मनचाहे आकार में)। तलने के बाद गुलाब जामुन दोगुना हो जाएंगे।

6. मोटे तले की कढ़ाई लेकर घी को हल्का गर्म करें, जैसे काले जामुन में करते हैं और घी को धीरे धीरे चलाते रहे गैस की आचॅ हल्की ही रखें।

7. गुलाब जामुन हल्के सुनहरे होने पर चाशनी में डाल दें।

8. **अब गुलाब जामुन को तेज आंच पर एक मिनट के लिए पकाए और आधा घंटा ढककर रख दें।**

गुलाब जामुन तैयार है, भगवान का भोग लगा दीजिये।

04

कराची हलवा 😋😋

बनाना भी सरल 🤹🤹

कराची हलवा—

1. दो चम्मच पानी में केसर भिगो दे।

2. आधा कप केसर का शरबत, आधा कप चीनी व एक चम्मच घी को कढ़ाई में ड़ालकर मिलाये।

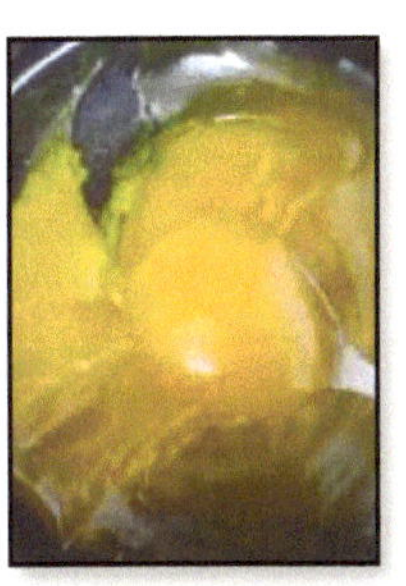

3. आधा कप कार्नफ्लोर (50 ग्राम) को 3 कप पानी में अच्छी तरह घोल लें उसमें कोई गुठली ना रहे व कढ़ाई में डाल दें।

4. गैस पर हल्की आंच में लगातार चलाते हुए पकाएं।

यह मिश्रण बहुत जल्दी गाढ़ा हो जाता है इसलिए लगातार चलाते रहे।

5. केसर का पानी डालें।

6. मिश्रण गाढ़ा होने पर एक चम्मच खरबूजे के बीज, एक चम्मच कटे हुए काजू व एक चम्मच घी डाल दें।

7. मिश्रण को मध्यम आंच पर पकाएं।

8. जब मिश्रण कढ़ाई छोड़ने लगे तब मिश्रण को घी लगे हुए कांच के बर्तन में निकालें।

तीन-चार घंटे बाद (ठंडा होने) पर प्लेट में निकालकर कांटे।

05

तिल के लड्डू ☺

कैल्शियम से भरपूर ☺

1. तिल के लड्डू बनाने के लिए 2 किलो दूध को कढ़ाई में मावा बनाने के लिए गैस पर रखें।

2. यदि कढ़ाई छोटी हो तो दूध के गाढ़ा होने पर थोड़ा-थोड़ा दूध बढ़ा सकते हैं।

3. दूध को लगातार चलाते रहें अन्यथा दूध कढ़ाई की तली में लग जायेगा और मावे में जलने की बू आ सकती है।

4. मावे को बहुत अधिक सख्त ना बनाएं मुलायम ही बनाये।

5. मावा बन जाने पर उसको हाथ से मसल कर दाना रहित कर ले।

6. सफेद तिल (आधा किलो) को साफ करके पानी से धोकर छलनी में छान ले और सूती कपड़े पर सुखा लें जिससे तिल में बिल्कुल पानी ना रहे।

7. तिल को कढ़ाई में डालकर हल्का सा सेक ले, रंग ना बदले इसके लिए एक-दो मिनट ही सेके।

8. तिल को ठंडा होने पर मिक्सी में बारीक पीस लें, और मावे में मिला दे।

9. अब आधा किलो बूरा भी मावे और तिल के मिश्रण में मिला दे।

10. इस मिश्रण को हथेली से रगड़ कर बिल्कुल मुलायम और चिकना कर ले, और लड्डू बना ले।

ताजे नारियल के लड्डू 😊😊

झटपट तैयार 🙎🙎

ताजे नारियल के लड्डू—

1. ताजे नारियल का छिलका छीलकर मिक्सी में बारीक पीस लें। (या नारियल का बुराद भी ले सकते है)।

2. दो कटोरी पिसा हुआ ताजा नारियल या नारियल का बुरादा, एक कटोरी मिल्क पाउडर, एक कटोरी लड्डू में डालने वाला बूरा व एक कटोरी बादाम का पाउडर को एक बड़े बर्तन में अच्छी तरह मिला लें।

3. पिस्तो को भी बारीक काटकर मिला दे।

4. नारियल ताजा होने के कारण यह मिश्रण गुथे हुए आटे की तरह बन जाएगा।

5. अब हाथ से गोल लड्डू बना ले या मोदक के सांचे से मोदक बनाये।

6. लड्डू के ऊपर नारियल का बुरादा या बूरा ड़ाले।

यह कम समय मे बनने वाले स्वादिष्ट लड्डू है।

07

मेथी की मठरी 😋

सबके लिए

1. एक कप आटा दो चम्मच सूजी ले। (आधा कप आटाऔर आधा कप मैदा भी ले सकते हैं) व दो चम्मच घी ड़ालकर दो - तीन मिनट हथेली से मसले जिससे घी आटे के रेशे-रेशे मे चला जाये।

2. इसमें छोटाआधा चम्मच अजवाइन, छोटा आधा चम्मच नमक और दो बड़े चम्मच कसूरी मेथी ड़ालकर अच्छी तरह मिलाएं।

3. पानी डालकर सख्त (पूरी के आटे से भी) गूँथकर 15 मिनट रख दें।

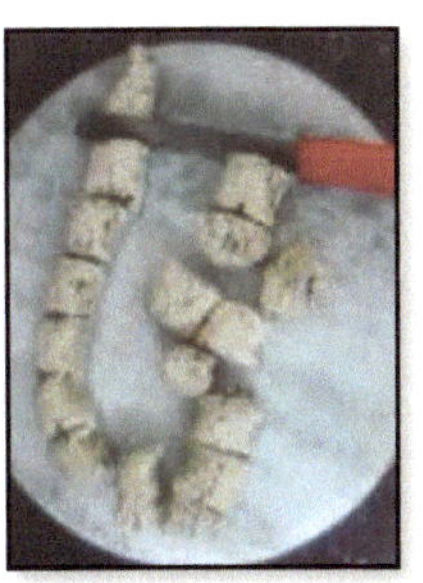

4. आटे के छोटे-छोटे एक समान टुकड़े चाकू से काटे, जिससे सब मठरी एक ही आकार की बने।

5. छोटा-छोटा बेलकर किसी नुकीली चीज की सहायता से निशान बना दें, जिससे मठरी फूले नहीं।

6. सब मठरी बेलकर रख लें और कपड़े से ढक दें।

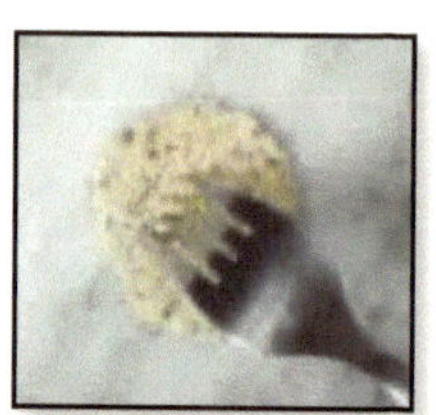

7. कढ़ाई में घी को हल्का गर्म करके मध्यम आंच पर सुनहरा होने तक तलें।

8. सब मठरी तल कर प्लेट में फैला कर ठंडा कर लें और डब्बे में भरकर रखे।

9. चाय, कॉफी, चटनी, अचार व आलू की सब्जी के साथ भी इन मठरियो का आनंद लिया जा सकता है।

08

नमकपारे 😋

किसी भी त्यौहार पर 😊

1. एक कटोरी मैदे में आधा चम्मच अजवाइन, दो चम्मच घी, चौथाई चम्मच नमक व लाल मिर्च डालें।

2. थोड़ा-थोड़ा पानी डालकर सख्त आटा गूँथे। (मठरी जैसा सख्त भी नहीं) और 10 मिनट के लिए ढककर रखे।

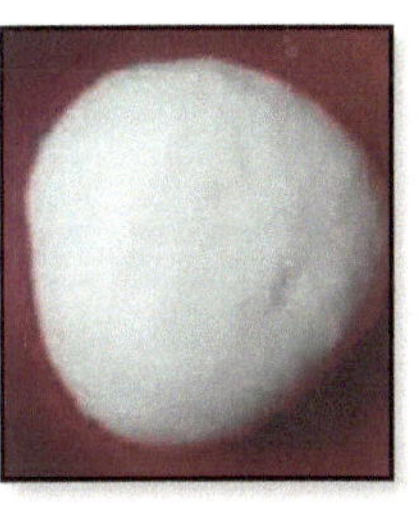

3. आटे के दो भाग कर ले, और मोटी रोटी बेल लें।

4. चाकू से मनचाहे आकार के टुकड़े काट लें।

5. घी के गर्म होने के बाद आचं को मध्यम कर दे और कटे हुए नमक पारो को उलट-पुलटते हुए करारे होने तक सुनहरा तले।

6. यदि नमकपारो को तेज आचं पर तलेगे तो वह अन्दर से कच्चे रह जायेंगे।

09

चटपटे मखाने 😋

कैल्शियम का खजाना ☺

1. मखानों को कढ़ाई में डालकर बिल्कुल धीमी आंच पर सेके।

2. जब मखाने कुरकुरे (करारे) हो जाएं तब एक मखाने को तोड़ कर देख ले।

3. मखानों को चलाते रहें अन्यथा मखाने जल सकते हैं।

4. सेकते समय थोड़ा देसी घी भी डाल सकते हैं यदि आपको कम घी के बनाने है तो घी ना डालें।

5. जब मखाने पूरी तरह सिक जाए तो गैस बंद कर दे।

अब मखानों के ऊपर पिघला हुआ घी डालकर शीघ्रता से मखानों में भुना जीरा पाउडर, काला नमक, चाट मसाला, गरम मसाला, काली मिर्च पाउडर व पुदीना पाउडर ड़ालकर चलाते हुए मिलाए।

पुदीना मखाने तैयार है।

टमाटरी मखाना—

टमाटरी मखाना बनाने की विधि भी पुदीना मखाने की विधि नंबर 5 तक समान रहेगी।

6. इन मखानों में भुना जीरा, काला नमक, चाट मसाला, गरम मसाला, लाल मिर्च पाउडर व सबसे बाद में टमाटर का पाउडर डालें और जल्दी से मिला दे। टमाटरी मखाने भी तैयार है।

१० नमकीन मुरमुरे 😋😋

बनाना भी सरल 🏃🏃

चटपटे मुरमुरे—

1. एक बड़ी कढ़ाई में एक चम्मच घी डालें।
2. घी गर्म होने पर 3-4 साबूत लाल मिर्च को करारा कर ले।
3. करी पत्ता को धोकर पौंछे और कढ़ाई में डालें।
4. मुरमुरो को कढ़ाई में डालकर थोड़ी सी हल्दी भी डाल दे।
5. मुरमुरे भूनते समय आचं को धीमी रखें।
6. मुरमरो को चलाते रहें।
7. मुरमुरे सिकने पर करारे हो जाएंगे। एक मुरमुरा तोड़ कर देखें।

8. मुरमुरे करारे होने पर गैस बंद कर दें।

9. मुरमुरो पर चाट मसाला, काला नमक, (यदि पसंद हो तो)

कश्मीरी लाल मिर्च और दो चम्मच पिघला हुआ घी डालकर अच्छी तरह मिलाएं।

तैयार है ——चटपटे करारे नमकीन मुरमुरे।

ठंडा होने पर डब्बे में भर कर रखे।

यह खाने में बहुत हल्के व स्वादिष्ट होते है इसलिए सबको पसंद आते है।

मुरमुरो मे टमाटर, खीरा, हरी और लाल चटनी डालकर भेलपुरी भी बनाई जा सकती है।

स्वस्थ रहें मस्त रहें ☺☺

मसाला गोभी 😋

सर्दीयो का तोहफा

1. एक फूल गोभी को मध्यम आकार में काट कर धो लें और

2. छलनी मे डाल कर सुखा लें। (गोभी में पानी होने से तलते समय घी के छींटे आपको हानि पहुंचा सकते है।)

3. कढ़ाई में तेल गर्म करके मध्यम आचं पर गोभी को तले (यदि तलना न चाहे तो भांप में भी पका सकते हैं)।

4. चाय टमाटर, 2 हरी मिर्च और अदरक का टुकड़ा मिक्सी कर ले।

5. कढ़ाई में एक चम्मच घी आधा चम्मच जीरा भूने।

6. अब एक चुटकी हींग आधा चम्मच हल्दी एक चम्मच सौफ-धनिया पाउडर आधा चम्मच भुना जीरा डालें। (गैस की आंच हल्की रखें)।

7. टमाटर का मिश्रण, 2 तेजपत्ता, 2 हरी इलायची, एक टुकड़ा दालचीनी व आधा चम्मच नमक डालकर मध्यम आंच पर पकाये।

8. मसाला भून जाने पर इसमें गोभी डाल कर एक 2 मिनट चलाएं। (इस समय उबले हुए मटर के दाने भी डाल सकते है।

9. अब इसमें आधा चम्मच कसूरी मेथी को तवे पर भून कर डालें।

10. आधा कटोरी दही को चम्मच से फेंटकर मिलाएं।

11. ढककर 5 मिनट पकाएं।

12. अब इसमें हरा धनिया और गरम मसाला डालकर परोसे।

13. यह मेरी पसंदीदा सब्जी है।

14. इसकी विधि आपको कहीं नहीं मिलेगी, क्योंकि यह मैंने ही........ 😂😂

कटहल की सब्जी ☺☺

जायकेदार ☺☺

1. आधा किलो कटहल को छोटे-छोटे टुकड़ों में काट लें।

2. उसके बीजों के ऊपर जो प्लास्टिक जैसा छिलका होता है उसको निकाल दे।

3. कटहल को साफ करने में मेहनत अधिक लगती है परन्तु कटहल की सब्जी बहुत ही स्वादिष्ट बनती है।

4. कटहल को धोकर छालनी मे रखे जिससे उसमें पानी ना रहे।

5. कटहल को घी में तल लें।

6. तीन टमाटर, अदरक व हरी मिर्च को मिक्सी में पीस लें।

7. कुकर में आधा चम्मच घी डालकर जीरा, हींग भूनें।

8. टमाटर डालकर हल्दी, सौंफ-धनिया पाउडर और नमक डालकर भूनें।

9. मसाला भूनने पर कटहल को अच्छी तरह मिला दें।

10. एक बड़ी कटोरी पानी डालकर 3-4 सिटी लगाएं।

11. तैयार है स्वादिष्ट कटहल की सब्जी।

12. यदि थोड़ा पानी डालना चाहे तो डाल सकते हैं।

पनीर शिमला मिर्च

बनाओ फटाफट, खाओ फटाफट 🤝

पनीर शिमला मिर्च—

1. यह बहुत कम समय में बनने वाली सब्जी है।

2. दो टमाटर, एक हरी मिर्च, अदरक को मिक्सी में पीस लें।

3. एक टमाटर को छोटे टुकड़ों में काट लें।

4. पनीर (100 ग्राम) को मध्यम आकार के छोटे टुकड़ों में काट लें।

5. एक शिमला मिर्च को लंबाई में काटे।

6. कढ़ाई में आधा चम्मच घी डालकर शिमला मिर्च को 2 मिनट ढककर पकाएं। इसके लिए बहुत अधिक घी की आवश्यकता नहीं है, यह भांप में ही पक जाएगी।

7. कढ़ाई में टमाटर, अदरक, हरी मिर्च का मिश्रण व कटे हुए टमाटर डाल दे।

8. सौंफ धनिया पाउडर, हल्दी, स्वादानुसार नमक डालकर 5 मिनट धीमी आंच में पकाएं।

9. मसाला भून जाने पर पनीर डालकर मिलाएं।

10. गरम मसाला डालकर परोसे।

गोभी अचारी 😋😋

चटपटी 🤤🤤

1. गोभी को मध्यम आकार में काटकर धो ले और छलनी में छानकर पानी निकाल ले।

2. कढ़ाई में थोड़ा(4चम्मच) घी डालकर गोभी को हल्की आचं पर पकाएं। (तल भी सकते है।)

   गोभी को पकाने के लिए अधिक घी डालने की आवश्यकता नहीं है क्योंकि कम घी मे गोभी, घी की गर्माहट और पानी की भाप से पक जाएगी।

3. गोभी को ढककर पकाएं गोभी को पकने में समय कुछ अधिक लग सकता है (घी कम होने के कारण)।

4. अब कढाई में एक चम्मच घी में जीरा, हींग, दो लाल मिर्च तोड़कर व तेज पत्ते झाले।

5. दो कटी हरी मिर्च, कद्दूकस किया हुआ अदरक डालें।

6. अब आचं को धीमा करके धनिया पाउडर, हल्दी, भुना जीरा पाउडर डाले।

7. तीन टमाटर को मिक्सी मे पीसकर व आधा चम्मच आम के अचार का मसाला काला नमक, सफेद नमक ड़ाले।

8. अब गोभी को डालकर अच्छी तरह मिलाएं और ढककर 5 मिनट पकने के लिए रख दे।

    (टमाटर के मसाले को भूनते समय अधिक सुखाये नहीं।)

9. सब्जी को 3-4 मिनट बिना ढके हल्की आचं पर भी भूने।

    गोभी अचारी तैयार है, हरा धनिया व गरम मसाला ड़ालकर लच्छा पराठे के साथ भरोसे।

15

लौकी के कोफ्ते 😋

मजेदार 😊😊

लौकी के कोफ्ते बनाने के लिए—

1. एक लौकी को छीलकर धो लें व कद्दूकस कर लें

2. दो तीन-चम्मच बेसन, 2 हरी मिर्च, कद्दूकस किया हुआ अदरक, नमक डालकर पकोड़ो की तरह कढ़ाई में तले। (अधिक बेसन न डाले क्योकि कोफ्ते सख्त हो सकते है।)

3. दो हरी मिर्च, चार टमाटर, अदरक का टुकड़ा मिक्सी में पीस लें।

4. कढ़ाई में एक चम्मच घी, एक चम्मच जीरा, हींग, दो लाल मिर्च, तेजपत्ता डालें।

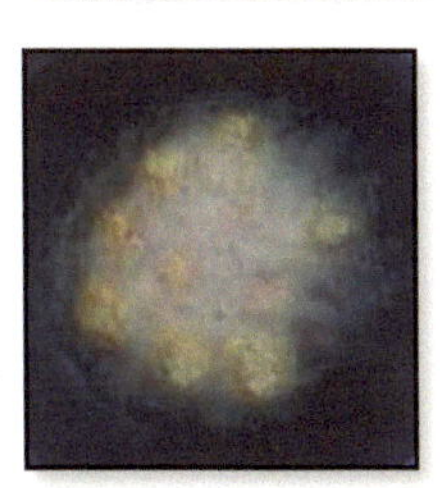

5. दो चम्मच बेसन डालकर भूने, अब इसमें टमाटर डाल दें और सौंफ धनिया पाउडर, हल्दी, नमक डालकर पकाएं।

6. मसाला पकने पर इसमें एक ग्लास पानी डाल कर एक उबाल आने पर कोफ्ते डालें और 2 मिनट पकाये।

लौकी के कोफ्ते तैयार हैं, गरम मसाला डालकर हरे धनिया से सजाकर रोटी या पराठे के साथ परोसें।

16

शाही पनीर 😋

1. 4 बड़े आकार के टमाटर गर्म पानी में डालकर छिलका छील ले व ठंडा होने पर मिक्सी में पीस लें।

2. हरी मिर्च दो, दो इंच अदरक के टुकड़े को भी मिक्सी में पीस लें।

3. कढ़ाई में दो चम्मच गरम घी में जीरा, हींग, दो तेजपत्ता, दो छोटी इलायची, एक टुकड़ा दालचीनी, दो लाल मिर्च डालकर भूनें डालें।

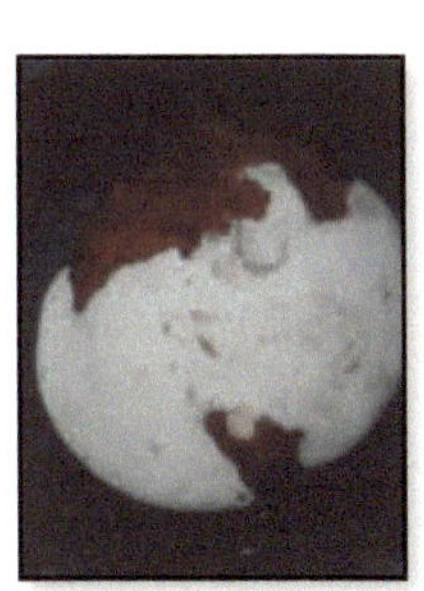

4. अब इसमें हरी मिर्ची और अदरक का पेस्ट डालकर चलाये व टमाटर डाल दे, दो मिनट हल्की आंच पर भूने।

5. इसमें दो चम्मच सौंफ धनिया पाउडर, चौथाई चम्मच चीनी, चौथाई चम्मच काला नमक, छोटा आधा चम्मच सफेद नमक डाल दे।

6. 6-7 काजू, दो चम्मच क्रीम, क्रीम नहीं है तो दूध की मलाई और दो चम्मच खसखस में दो चम्मच दूध डालकर मिक्सी में चलाएं।

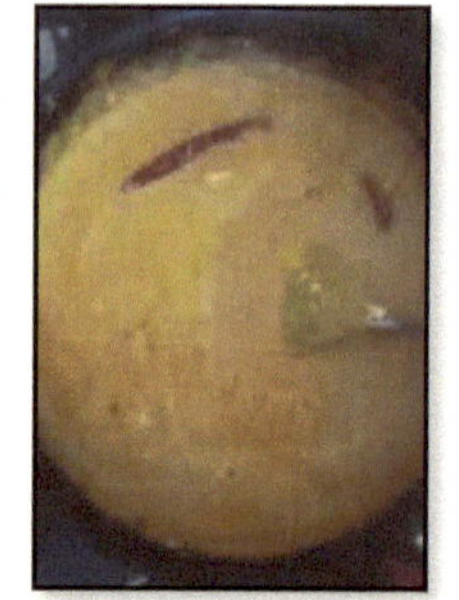

7. मसाला भून जाने पर यह मिश्रण डालकर आधा चम्मच कसूरी मेथी ड़ालकर 5 मिनट तक ढककर पकाये।

8. ग्रेवी तैयार है, अब पनीर को छोटे-छोटे टुकड़ों में काटकर ग्रेवी में डालिए और 2 मिनट चलाइए।

9. शाही पनीर तैयार है, आप रोटी या पराठे के साथ परोस सकते हैं।

१7

लाजवाब कढ़ी पकौड़ी 😋

1. सुबह कढ़ी बनाने के लिए रात में दही जमाये।, जिससे दही थोड़ा खट्टा हो जाए।

2. एक बड़ी कटोरी दही, आधा छोटी कटोरी बेसन को आधा चम्मच हल्दी, आधा चम्मच नमक व हींग डालकर मिक्सी में चला ले।

3. कढ़ाई में एक चम्मच घी डालकर चार साबुत लाल मिर्च, मेथी दाना, एक चुटकी हींग भून जाने पर व कद्दूकस किया अदरक भून जाने पर बेसन के मिश्रण में चार गिलास पानी डालकर उबाल आने पर धीमी आंच पर पकने के लिए रखे।

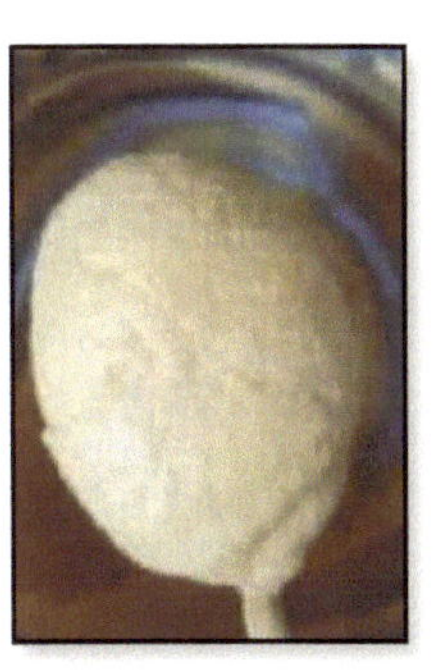

4. थोड़ी-थोड़ी देर बाद कढी को चलाते रहें और पानी कम होने पर पानी डालते रहें।

5. पकौड़ी के लिए बेसन घोले व फेंट कर हल्का करने के बाद

   उसमें दो चुटकी नमक, दो चुटकी हल्दी, व आधा चम्मच धनिया पाउडर, अदरक कद्दूकस करके, एक हरी मिर्च और करी पत्ता काट कर डालें।

6. एक घंटे के बाद छोटी कढ़ाई में पकौड़ी के लिए घी गर्म करें और तेज गर्म तेल में छोटी-छोटी पकौड़ी डालें, आप देखेंगे कि पकौड़ियां का आकार दोगुना हो गया है,

   अब गैस को थोड़ा धीमा कर सकते हैं (जिससे पकौड़ी जले नहीं) और पकोड़ी को तुरंत कढी में डालते जाइए।

7. तेल वाली कढ़ाई में साबुत लाल मिर्च को हल्का सा फ्राई करके करारा कर ले, कढ़ी के साथ खाने में बहुत स्वादिष्ट लगती हैं।

8. कढ़ाई में एक चम्मच घी गर्म करके उसमे आधा चम्मच राई, करीपत्ता

भूने, कुछ देर बाद लाल मिर्च पाउडर ड़ालकर यह छौंक कढी में डालकर दो मिनट पकाये।

स्वादिष्ट कढ़ी तैयार है। 😋 चावल के साथ परोसे।

मंगोड़ी की सब्जी 😋😋

😋😋😋

मंगोड़ी की सब्जी—

1. आधी कटोरी मूंग की दाल (छिलके वाली) को 3-4 घंटे के लिए पानी में भिगो दें।

2. दो चम्मच पानी व नमक डालकर दाल को दरदरा पीस लें।

3. दाल को पीसते समय अधिक पानी ना डालें अन्यथा पकौड़ी 

   तेल में बिखर जाएगी।

4. चार टमाटर, अदरक, हरी मिर्च को मिक्सी में पीस लें।

5. एक कढ़ाई में एक चम्मच घी, जीरा, हींग, दो लाल साबुत मिर्च, तेजपत्ता डालकर भूने।

6. इसमें दो चम्मच सौंफ धनिया पाउडर, पिसे हुए टमाटर, हल्दी स्वादानुसार नमक (नमक कम डालें क्योंकि दाल में भी डाला था), थोड़ा सा काला नमक डालकर मसाले को भूने।

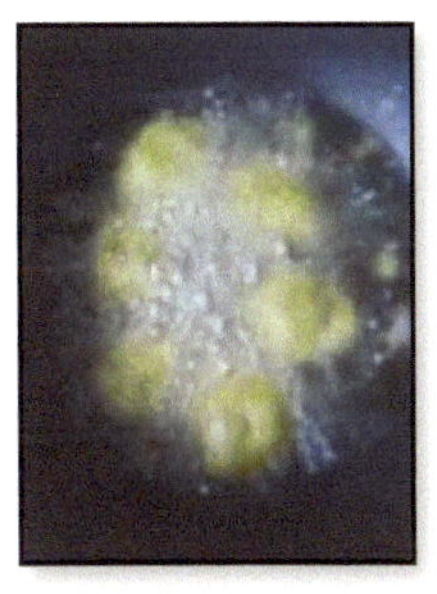

7. मसाला भून जाने पर दो गिलास पानी डाल दे (पानी अधिक डालें क्योंकि मंगोड़ी पानी सोख लेगी और गैस को धीमा कर दें।

8. कढ़ाई में घी को तेज गर्म करके दाल की पकौड़ी तले।

9. कढ़ाई की आचं को तेज ही रखे।

10. पकौड़ी को (मसाले की) दूसरी कढ़ाई में डालते जाए।

11. दो-तीन मिनट पकाएं और गैस बंद कर दे।

रोटी या पराठे के साथ स्वादिष्ट मंगोड़ी की सब्जी का आनंद ले।

१9

पनीर के कोफ्ते ☺☺

लाजवाब 🏃🏃

पनीर के कोफ्ते—

1. पनीर (100ग्राम) को कद्दूकस कर लें, जिससे उसमें गुठली ना रहे अन्यथा तलते समय कोफ्ते टूट सकते हैं।

2. पनीर में एक चम्मच मैदा, नमक, कद्दूकस किया हुआ अदरक और बारीक कटी हुई एक हरी मिर्च डालें।

3. पनीर की नींबू के आकार की गोलियां बनाये।

4. कढ़ाई में तेल को गर्म करें और मध्यम आंच पर कोफ्तो को

हल्का सुनहरा रंग का तले।

5. काजू (8-10) को चार चम्मच दूध के साथ मिक्सी में पीस लें।

6. एक कढ़ाई में दो चम्मच घी गरम करके उसमें जीरा, तेजपत्ता, चार लाल साबुत मिर्च, दो हरी इलायची, एक टुकड़ा दालचीनी का डालकर भूनें।

7. चार टमाटर, अदरक का टुकड़ा और दो हरी मिर्च मिक्सी में पीस लें।

8. टमाटर के मिश्रण को कढ़ाई में डालें।

9. सौंफ धनिया पाउडर, नमक, कश्मीरी लाल मिर्च पाउडर (यदि पसंद हो तो) डालकर धीमी आंच पर पकाएं।

10. मसाला भून जाने पर दो बड़े चम्मच क्रीम डालें यदि क्रीम नहीं है तो मलाई को फेंट कर डालें।

11. एक कटोरी पानी डालकर उबाल आने तक पकाएं।

12. कोफ्ते डालकर 2 मिनट पकाएं और गैस बंद कर दे।

13. परोसते समय क्रीम डालकर सजाएं।

दाल माखनी 😊😊

दाल माखनी—

1. एक कटोरी साबुत उड़द और चौथाई कटोरी जम्मू राजमा को रात भर (8-10 घंटे) पानी में भिगो दें।

2. दाल को एक बार फिर साफ पानी से धोकर कुकर मे चार कटोरी पानी, आधा चम्मच सफेद नमक, आधा चम्मच हल्दी, तेजपत्ता, चार मोटी इलायची डालकर मुलायम होने तक उबालें।

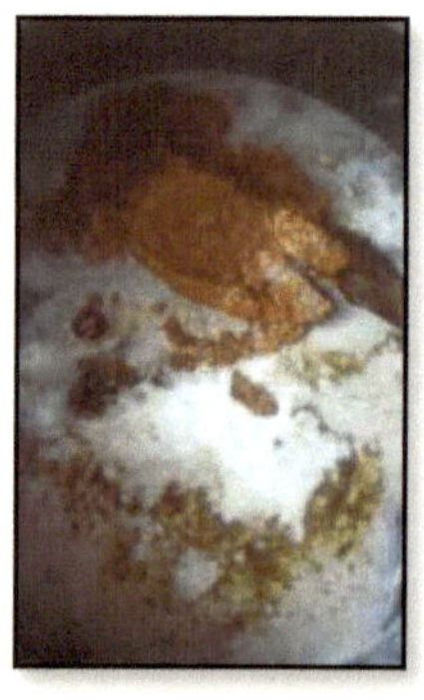

3. चार टमाटर, दो हरी मिर्च, एक अदरक के टुकड़े को मिक्सी में पीस लें।

4. कढ़ाई में दो चम्मच घी डालकर जीरा, हींग, 4 साबुत लाल मिर्च, 2 टुकड़े दालचीनी को भूने।

5. दो चम्मच सौंफ धनिया पाउडर डालें दो चम्मच दही व टमाटर डालें।

6. मसाला भूनने पर कढ़ाई के चारो ओर घी दिखाई देने लगे तब आधा चम्मच चना मसाला डालें।

परोसे समय लाल मिर्च का छौंक बनाकर दाल में ड़ाल सकते है।

गाजर मूली पराठा 😋😋

किसी भी मौसम में 😊😊

1. गाजर व मूली को कद्दूकस कर लें।

2. अदरक को भी कद्दूकस कर लें।

3. हरा धनिया, हरी मिर्च को बारीक काट लें।

4. मूली और गाजर का पानी हाथ से निचोड़ लें अन्यथा पराठे बेलते समय फट सकते हैं।

5. गाजर, मूली, अदरक, हरी मिर्च, हरा धनिया को एक बर्तन में मिलाकर उसमें अजवाइन (यदि गूँथे हुए आटे में डाली है तो ना डाले।) भुना जीरा, सफेद नमक, सौंफ पाउडर, चाट मसाला डालकर मिला लें।

6. भरवा पराठे बनाने के लिए आटे को नरम गूथे।

7. आटे की लोई में इस मिश्रण को भरकर हल्के हाथों से सूखा आटा लगाकर बेले।

8. तवे को गर्म करके आचं को मध्यम कर दें।

9. तवे पर घी लगाकर ही पराठा तवे पर डालें।

10. एक तरफ से पराठा सिकने पर पराठे को पलट दे।

11. पराठे पर घी लगाकर करारा होने तक सेकें।

12. कॉफी के साथ परांठे का आनंद लें।

22

मूँग दाल चीला 😄😋

स्वादिष्ट नाश्ता 🏃

मूंग दाल चीला(छिलके वाली दाल से)—

1. एक कटोरी दाल को चार-पांच घंटे के लिए भिगो दें।

2. दाल में एक कटोरी पानी डालकर मिक्सी में दरदरा पीस लें। 

3. हरी मिर्च और अदरक को बारीक काट लें, (पसंद हो तो हरा धनिया भी बारीक काटकर डाल सकते हैं)।

4. दाल में अदरक, हरी मिर्च व स्वादानुसार नमक डाल दें।

5. तवा गरम करके थोड़ा घी लगाकर एक चम्मच मिश्रण डालकर छोटा चीला बना कर देखें।

6. अब तवा फिर से चिकना करके दाल का मिश्रण डालें और गोलाई में फैला दें व मध्यम आचं पर सेंके।

7. चीले को ढककर सेंकने से चीला तवे पर चिपकेगा नहीं।

8. एक तरफ से सुनहरा सिक जाने पर चीला पलट दे और घी लगाकर दूसरी तरफ से भी सेंके।

9. दाल के चीले को सेकने के लिए अधिक घी की आवश्यकता नहीं होती।

10. चीला कॉफी, दही या हरी चटनी के साथ परोसे।

23

वेजिटेबल बेसन चीला 😋😋

स्वादिष्ट ☺☺

वेजिटेबल बेसन चीला—

1. एक कटोरी बेसन में आधा कटोरी पानी डालकर बेसन को घोलें।

2. गाजर, शिमला मिर्च, टमाटर, हरी मिर्च हरा धनिया को बारीक-बारीक काट लें।

3. अदरक को कद्दूकस कर लें।

4. कोर्न या मटर को धोकर उबाल लें।

5. बेसन के घोल में सब सब्जियां मिलाकर स्वादानुसार नमक मिलाएं।

6. यदि मिश्रण गाढ़ा लगे तो थोड़ा पानी डाल सकते हैं।

7. तवा गरम करें और घी लगाकर एक चम्मच मिश्रण डालकर छोटा चीला बना कर देखें।

8. अब तवे को घी से चिकना करें और मिश्रण को धीरे-धीरे गोल आकार में फैलाएं।

9. यदि चीला ढक कर सकेंगे तो वह तवे पर चिपकेगा नहीं। (प्लेट से ढक सकते हैं)।

10. एक तरफ से सुनहरा सिक जाने पर धीरे से पलट कर दूसरी तरफ से भी घी लगा कर सकें।

11. चीला मध्यम आंच पर सेंके।

स्वादिष्ट वेजिटेबल बेसन चीला—

24

आटा बिस्किट 😋😋

स्वादिष्ट व कुरकुरी 😊😊🏃🏃

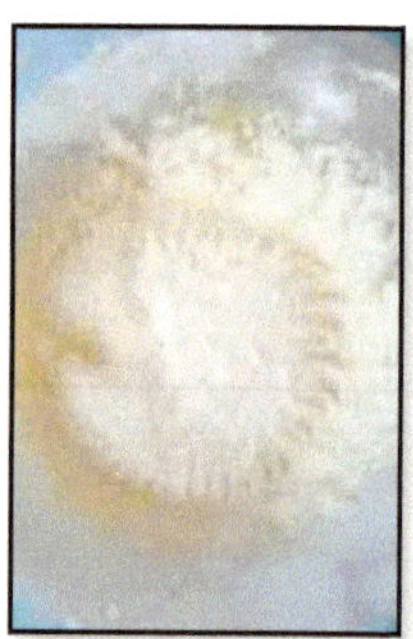

1. एक कटोरी आधजमा घी या मक्खन में एक कप पिसी हुई चीनी छलनी से छान कर डाले, हल्का होने व रंग बदलने तक फेटे।

2. यह मिश्रण जितना हल्का होगा बिस्किट उतने ही खस्ता बनेंगे।

3. इसमें एक कप गेहूं का आटा, एक कप बेसन छानकर डालें।

4. डेढ कप गेहूं का आटा और आधा कप बेसन भी डाल सकते हैं। यदि आप चाहें तो आटे से बना सकते हैं।

5. आधा चम्मच इलायची पाउडर, आधा चम्मच बेकिंगं पाउडर ड़ाले।

6. अब मिश्रण को हल्के हाथों से गूथ लें, वैसे तो दूध की आवश्यकता नहीं पड़ेगी (यदि आपने चीनी और घी के मिश्रण को अच्छी तरह फेंटा है) यदि आपको जरूरत हो तो दो चम्मच दूध डाल सकते हैं।

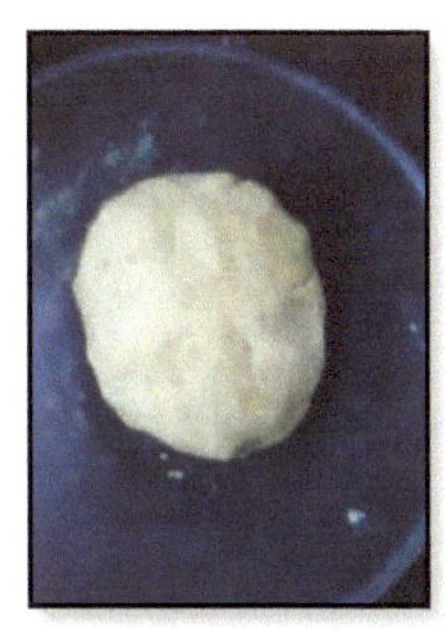

7. यदि आप मिश्रण को सख्त हाथ से गुथेंगें तो बिस्किट खस्ता नही बनेंगी।

8. कढाई को पहले 10 मिनट गर्म अवश्य करें।

9. अब बिस्किट के मिश्रण के छोटे-छोटे पेड़े बना ले यदि आप उस पर डिजाइन बनाना चाहते हैं तो मनपसंद डिजाइन भी बना सकते हैं मैंने जो माइक्रोवेव में बनाए हैं उनके ऊपर छलनी से डिजाइन बनाया है।

10. जो कढ़ाई में बनाए हैं उनको हल्का सा बीच से दबाकर कटे हुए बादाम से सजाया है।

11. माइक्रोवेव में बिस्किट को बनने में 13 मिनट लगेंगे।

12. कढ़ाई में बिस्किट बनने में 15 मिनट के बाद गैस बंद कर दें और

बिस्किट को ढक कर रखा रहने दें जिससे वह कुरकुरी और खस्ता बनेगी। (आचं धीमी रखे)

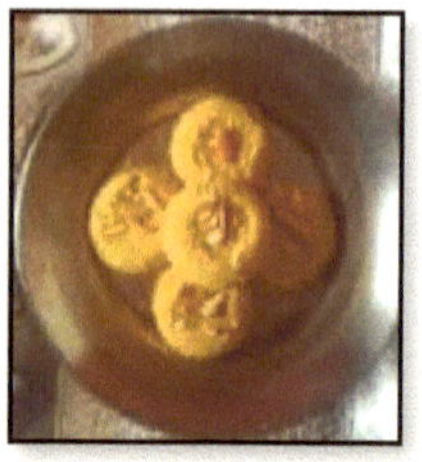

13. कढ़ाई में बनी हुई बिस्किट कुछ हल्के रंग की बनती हैं

कुरकुरे चॉकलेट बिस्किट 😋😋

कम समय में 😊😊

कुरकुरे चॉकलेट बिस्किट—

1. सौ ग्राम अमूल मक्खन या घी को 100 ग्राम पिसी चीनी के साथ फेंट कर क्रीम जैसा हल्का कर ले।

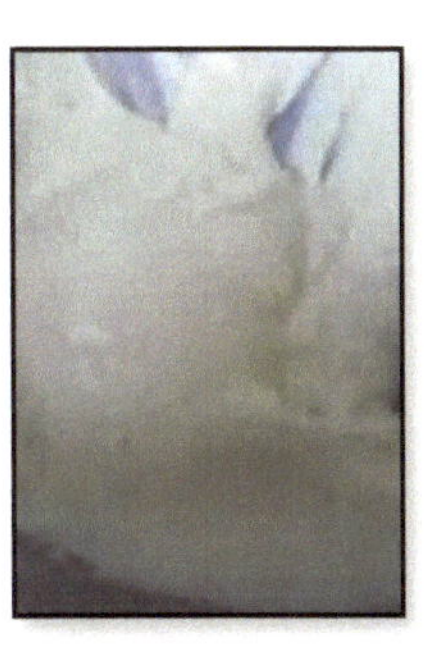

2. सवा कप मैदा (लगभग डेढ़ सौ ग्राम) एक चम्मच बेकिंग पाउडर तीन चम्मच चॉकलेट पाउडर को मिलाकर हल्के हाथों से आटे जैसा गूथ लें।

3. इसमें एक चम्मच चॉकलेट चिप मिला ले।

4. कढ़ाई और माइक्रोवेव को पहले दस मिनट गर्म कर ले यह प्रक्रिया

बहुत आवश्यक है। (अन्यथा बिस्किट का आकार बढ़ेगा नहीं)।

5. कढ़ाई में स्टैंड या कटोरी रखकर उसके ऊपर बिस्किट की प्लेट रखें और लगभग 20 मिनट सेंके।

6. माइक्रोवेव में बिस्किट लगभग 12 से 13 मिनट में बन जाएंगे।

जीरा बिस्किट 😋😋

गेहूँ के आटे से 🤸🤸
गेहूं के आटे से जीरा बिस्किट—

1. सौ ग्राम मक्खन या अधजमा घी (आधा कप) को दो चम्मच पिसी हुई चीनी डालकर क्रीम की तरह हल्का होने तक फेंटें)।

2. सवा कप गेहूं का आटा (लगभग डेढ़ सौ ग्राम) को एक बर्तन में छान लें।

3. आटे में एक चम्मच जीरा और आधा चम्मच नमक मिलाकर हल्के हाथों से गूथ लें।

4. आटे के छोटे-छोटे (मनचाहे आकार के) पेड़े बना ले।

5. आटे के पेड़ों के ऊपर ब्रश से हल्का दूध लगा ले।

6. यदि आप चाहे तो अब इसके ऊपर जीरा भी लगा सकते हैं। या ड़िजाइन भी बना सकते है।

7. कड़ाई या माइक्रोवेव को गर्म करें।

8. कढ़ाई में बिस्कुट तैयार होने में लगभग 20 मिनट लगेंगे।

9. माइक्रोवेव में यह लगभग 13 से 14मिनट में तैयार हो जाएंगी।

10. बिस्किट बहुत ही खस्ता बनी है इसलिए बिस्किट को तुरंत न छुए। बिस्किट ठंडा होने पर डिब्बे में भरकर रखें।

11. यह बिस्किट आपको अवश्य पसंद आएंगे।

बादाम आटा बिस्किट 😋

पौष्टिक 😊😊

बादाम आटा बिस्किट—

1. एक कटोरी मक्खन या घी मे एक कटोरी पिसी हुई चीनी मिलाएं और क्रीम जैसा हल्का होने तक फेटे।

2. इस मे एक कटोरी गेहूं का आटा, एक कटोरी बेसन एक चम्मच इलायची पाउडर, एक छोटा चम्मच बेकिंग पाउडर, आधा छोटा चम्मच बेकिंग सोडा मिलाएं।

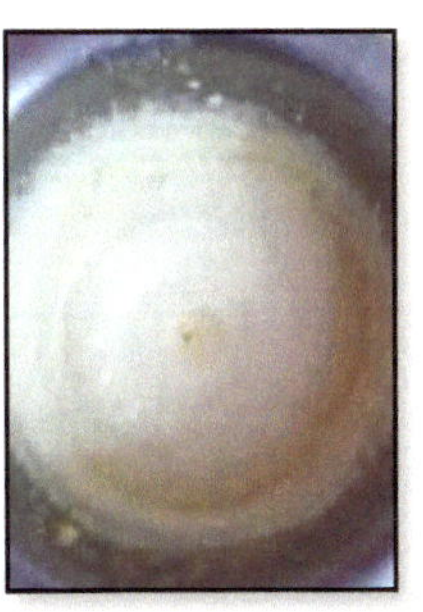

3. आधा कटोरी बादाम को मिक्सी में दरदरा पीस कर इस मिश्रण में मिलाये।

4. अब हल्के हाथों से आटे की तरह गूंथ लें।

5. छोटी-छोटी टिकिया बनाकर बादाम पाउडर (जो मिक्सी में बनाया था) को इस पर चिपकाए और एक बादाम का टुकड़ा लगा दे।

6. माइक्रोवेव और कढ़ाई को अच्छी तरह गर्म कर ले।

7. कढ़ाई में बिस्किट 15 मिनट में

8. और माइक्रोवेव में 12 से 13 मिनट में तैयार हो जाएंगे।

28

कोकोनेट कुकीज़

कॉफी की सखी

1. आधा कप घी या मक्खन में आधा कप पिसी हुई चीनी डालकर हल्का होने तक फेंटें।

2. एक कप मैदा, आधा कप नारियल का बुरादा व आधा टीस्पून बेकिंग पाउडर डालकर मिलाएं।

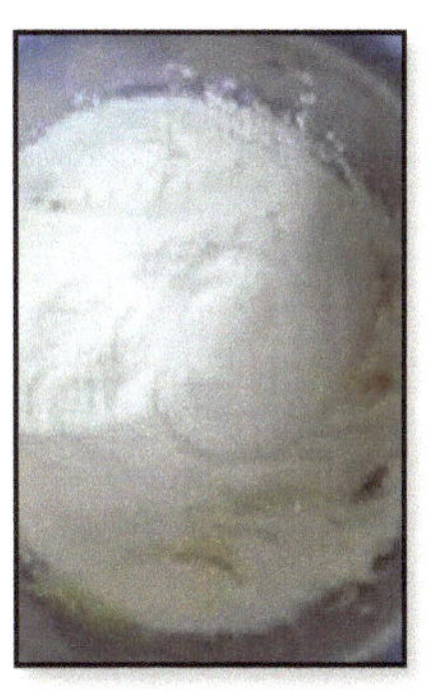

3. दो या तीन चम्मच दूध मिलाकर मिश्रण को हल्के हाथ से गूथ लें।

4. थोड़ा मिश्रण हाथ में लेकर छोटी टिक्की बनाये।

5. उस टिक्की पर दूध व नारियल का बुरादा लगाये।

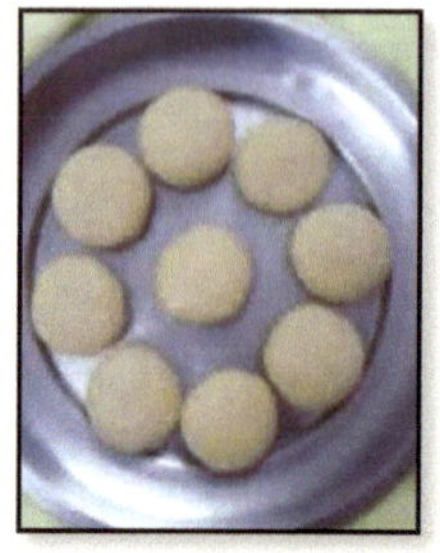 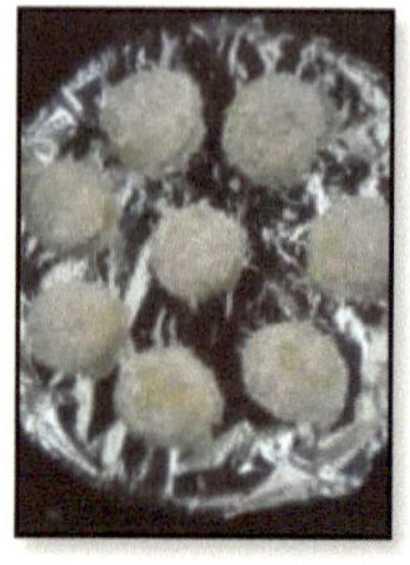

6. कढ़ाई और माइक्रोवेव को पहले से (preheated) गर्म करना बहुत आवश्यक है।

7. एक प्लेट में बिस्किट उचित दूरी पर रखकर हल्की आंच में 20 से 25 मिनट के लिए कढाई में सेके।

8. माइक्रोवेव में कन्वैक्शन मॉड (convection mode) पर बिस्किट 15 से 18 मिनट में तैयार हो जाते हैं।

9. बिस्किट ठंडा होने पर ही डब्बे में रखें।

29

मावा केक 

मावा केक—

1. आधा कप घी, एक कप चीनी व एक कप मुलायम मावे को अच्छी तरह फेंट ले, जिससे उसमें कोई गुठली ना रहे।

2. आधा कप दूध में आधा कप मिल्क पाउडर मिलाकर इस मिश्रण में डालें।

3. लगभग एक कप दूध, दो कप मैदा, 2 कप चम्मच वनीला पाउडर डालकर अच्छी तरह मिलाएं।

4. मिश्रण को गाढ़ा ही रखें पतला न करे।

5. आधा कप टूटी-फ्रूटी को मैदा लगाकर रखें, जिससे टूटी-फ्रूटी केक में नीचे एक जगह इकट्ठे नहीं होगी।

6. केक के मिश्रण में टूटी-फ्रूटी, दो चम्मच (छोटा) बेकिंग पाउडर, एक चम्मच (छोटा) मीठा सोडा हल्के हाथों से मिलाएं।

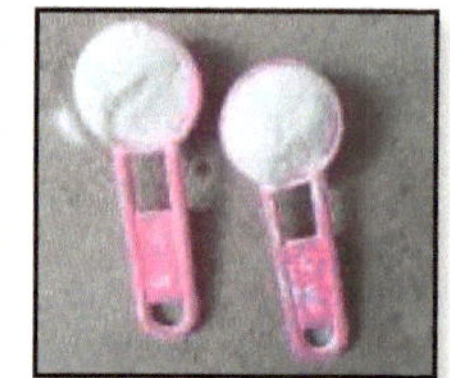

7. केक बनाने से पहले कढ़ाई को 10 मिनट गर्म करना ना भूले।

8. केक के मिश्रण को केक टिन में डालकर टूटी-फ्रूटी से सजाकर गर्म कढ़ाई में धीमी आंच पर 35 से 40 मिनट पकाएं।

9. गैस बंद करने से पहले टूथपिक डाल कर देखें, यदि वह साफ निकली है तो केक पक चुका है।

10. टूथपिक को केक के बीच में डालकर देखे, क्योंकि किनारों से केक जल्दी पक जाता है।

11. बचे हुए तीन चम्मच मिश्रण से छोटू-छोटू केक भी बन गये।😊😊

12. केक को ठड़ा होने के बाद ही निकाले, अन्यथा केक टूट सकता है।

30

संतरे का केक 😊😊

1. एक संतरे के छिलके को कद्दूकस कर लें।

2. एक संतरे का रस निकाल लें। (लगभग आधा कटोरी)

3. ताजा दही आधा कटोरी, पिसी हुई चीनी आधा कटोरी, एक चौथाई कप (लगभग 4 बड़े चम्मच) घी को मिला ले।

4. आधा कप मैदा, आधा कप सूजी, संतरे के कद्दूकस किए हुए छिलके, दो चम्मच मिल्क पाउडर को दही के मिश्रण में घोलकर 15 मिनट के लिए रख दे।

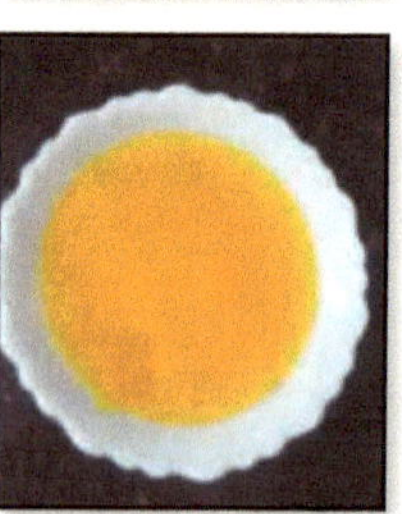

सूजी के कारण मिश्रण गाढ़ा हो जाएगा।

5. एक चम्मच दूध में केसर भिगो दें, इससे केक का रंग बहुत अच्छा आएगा।

6. पन्द्रह मिनट बाद मिश्रण में आधा कटोरी संतरे का रस व केसर का दूध मिलाएं।

7. कढ़ाई मे स्टैंड रखकर कढाई को गर्म कर लें।

8. एक छोटा चम्मच बेकिंग पाउडर और आधा छोटा चम्मच बेकिंग सोडा मिलाकर मिश्रण को केक के बर्तन में डालें और रंग बिरंगी टूटी फ्रूटी से सजा दे।

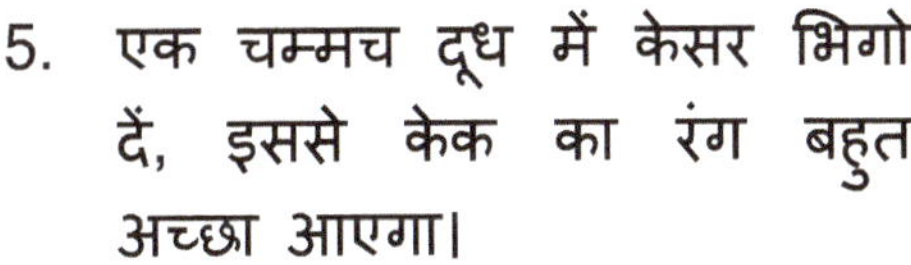

9. केक को धीमी आंच पर 30 से 35 मिनट पकाएं।

10. गैस बंद करने से पहले टूथपिक डाल कर देखें यदि टूथपिक साफ निकली है तो केक पक गया है।

11. इस केक का स्वाद बच्चो को बहुत पसंद आएगा, बना कर देखे।

31

आम का केक 😊 (मैंगो केक)

गर्मी के मौसम में 🏃🏃

1. एक कप सूजी को बारीक पीसे (लगभग 125 ग्राम)।

2. एक पीला पका हुआ बड़ा आम और लगभग आधा कप चीनी को भी मिक्सी में पीसे।

3. सूजी में चौथाई कप पिघला हुआ घी व आम का मिश्रण डालकर घोल लें।

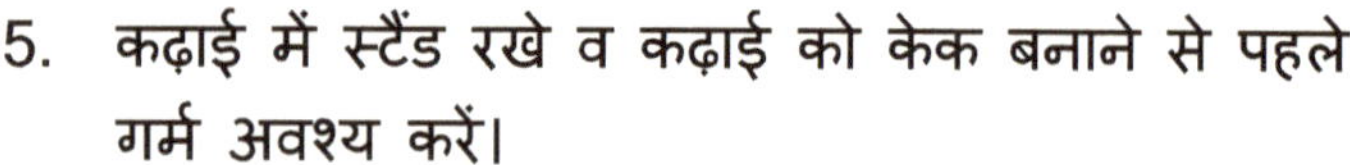

4. मिश्रण में एक कप दूध मिलाकर आधे घंटे के लिए ढककर रख दें।

    क्योंकि सूजी के फूलने पर ही केक अच्छा बनेगा।

5. कढ़ाई में स्टैंड रखे व कढ़ाई को केक बनाने से पहले गर्म अवश्य करें।

6. केक के बर्तन (Tin) में बटर पेपर लगा दें।

7. यदि केक में टूटी-फ्रूटी डालनी है तो उस पर थोड़ा मैदा लगा ले।

8. केक के मिश्रण में एक चम्मच बेकिंग पाउडर और आधा चम्मच मीठा सोडा डालकर हल्के हाथों से मिलाएं।

9. केक के मिश्रण को बर्तन में डालकर टूटी-फ्रूटी, कटे हुए पिस्ते व काजू से सजाकर कढ़ाई में रखें।

10. आचं को धीमी से अधिक और मध्यम से कम रखें।

11. तीस मिनट केक को पकाएं।

12. आम मीठे और पके होने के कारण केक का रंग (बिना रंग डाले) बहुत सुंदर आयेगा।

13. ठंडा होने पर केक को बर्तन से निकाले। कप केक दस मिनट में बन जाते है।

32

चॉकलेट ड्राई फ्रूट बनाना केक 😋

चॉकलेट बनाना केक—

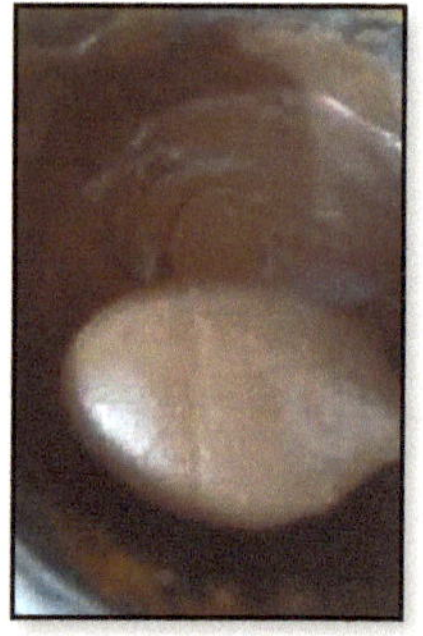

1. कढाई या कुकर को गैस पर गर्म होने के लिए रख दे।

2. केक टिन को घी से चिकना करके बटरपेपर लगा दें।

3. दो या तीन पके हुए केलो को आधा कटोरी चीनी और चौथाई कटोरी घी या मक्खन के साथ मिक्सी में चला ले।

4. इस मिश्रण को एक बर्तन में निकाल कर उसमें एक कटोरी मैदा (एक साथ ना डालें) धीरे-धीरे करके डालें व मिलायें।

5. दो बड़े चम्मच चॉकलेट पाउडर व एक चुटकी नमक मिलाएं और एक चिकना मिश्रण तैयार कर लें।

6. आवश्यकतानुसार थोड़ा दूध भी मिला सकते हैं।

7. अब आधा छोटा चम्मच मीठा सोडा ड़ालकर हल्के हाथों से मिला ले।

8. केक टिन में थोड़ा मिश्रण डालें और टूटी -फ्रूटी, अखरोट किशमिश, मनपसंद मेवा डालें फिर एक दो बार यही प्रक्रिया दोहराये। केक के ऊपर भी अखरोट और टूटी फ्रूटी से सजा कर कुकर या कढ़ाई में 40 से 45 मिनट पकाएं।

9. मुझे आशा है इस केक का स्वाद आपको बहुत अधिक पसंद आएगा। यदि केक किसी के जन्मदिन के लिए बना रहे है तो सजा भी सकते है।

33

अन्नानास का हलवा 😋😋

नवरात्रि विशेष 🧎🧎🧎🧎🧎

अन्नानास का हलवा—(बिना घी के)

1. अन्नानास को छीलकर छोटे-छोटे टुकड़ों में काट लें या अन्नानास के टुकड़ों को मिक्सी में दरदरा भी पीस सकते हैं।

   (आज हलवा अनानास को दरदरा पीस कर बनाया है)।

2. एक कढ़ाई में आधा चम्मच घी गर्म करें। (बिना घी के भी भून सकते है।

3. अन्नानास (2 कटोरी) को कढ़ाई में डालकर 3-4 मिनट मध्यम आंच पर भूने।

(यदि अन्नानास को मिक्सी में पीसा है तो भूनने में 7 से 8 मिनट लग सकते हैं)।

4. दो चम्मच दूध में केसर के धागे डालकर रख ले।

5. अब अन्नानास में एक कटोरी मावा डालकर अच्छी तरह मिला लें और दो-तीन मिनट पकाएं।

6. केसर का दूध व एक कटोरी चीनी डालें।

7. चार-पाँच मिनट पकाने पर हलवा कढ़ाई छोड़ने लगेगा।

8. लीजिए तैयार है—फटाफट स्वादिष्ट अन्नानास का हलवा अन्नानास और सूजी का हलवा तो आप सब ने अवश्य बनाया होगा परन्तु इस हलवे का स्वाद आपको बहुत पसन्द आयेगा।

34

आटे का हलवा 😋😋

बरसात के मौसम में ⬤

आटे का हलवा—

1. एक बर्तन में दो कप पानी और एक कप चीनी को घुलने तक पका लें व उसमें केसर डाल दें।

2. कढ़ाई में आधा कटोरी घी डालकर एक कटोरी आटे को धीमी आंच पर सुनहरा होने तक भूने।
(आचं को तेज ना करें अन्यथा आटा जल जाएगा)।

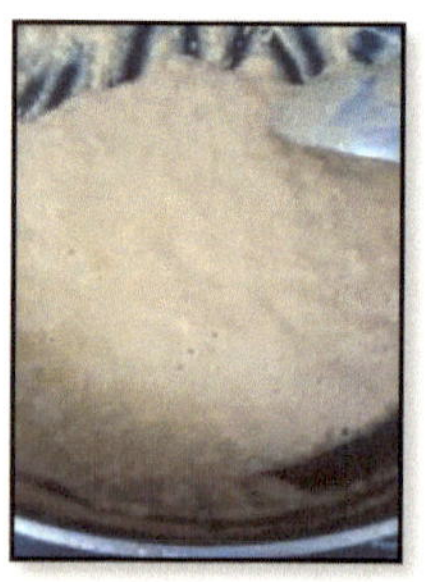

3. आटे को भूनने में 8 से 10 मिनट का समय लग सकता है।

4. आटा भून जाने पर चीनी का पानी धीरे-धीरे कढ़ाई में डालें।

5. धीमी आंच पर लगातार चलाते हुए पकाएं, जल्द ही हलवा कढ़ाई छोड़ने लगेगा और इकट्ठा हो जायेगा।

6. जब हलवा कड़ाई छोड़ने लगे तो उसमें दो बड़े चम्मच घी डाल दे

7. दो-तीन मिनट पकाने के बाद घी हलवे के चारो ओर दिखाई देने लगेगा, यह संकेत है कि हलवा अच्छी तरह पक चुका है।

8. काजू (4-5) को आधा चम्मच घी में सुनहरा सेक ले।

9. हलवे को काजू से सजाएं।

३५

मखाने की खीर ☕

शिवरात्रि स्पेशल 🙏🙏

1. एक किलो दूध को कढ़ाई में डालकर धीमी आंच पर रखे।

2. दूसरी कढ़ाई में मखानों को बिना घी के धीमी आंच पर सेंक ले।

3. मखाने करारे हो जाए, परंतु रंग ना बदले और जले नहीं।

4. ठंडा होने पर (5 मिनट बाद) मखानों को मिक्सी में दरदरा पीस लें या किसी कपड़े पर रखकर बेलन से तोड़ ले।

5. मखानों को गैस पर रखी हुई दूध की कढ़ाई में डाल दें।

6. बादाम, पिस्ता, काजू को छोटा-छोटा काट ले।

7. मखाने तुरंत ही पक जाते हैं।

8. खीर का दूध लगभग आधा हो जाने के बाद उसमें आधा कटोरी या स्वादानुसार चीनी, एक चम्मच इलायची पाउडर ड़ालकर चीनी घुलने तक पकाएं।

9. गैस को धीमा रखे व खीर को लगातार चलाते रहे।

10. चीनी घुल जाने पर काजू, बादाम, किशमिश, पिस्ता डालें।

11. खीर को काजू, बादाम, पिस्ता से सजाकर भोले बाबा को भोग लगाये।

36

चावल – बादाम रबड़ी

कुछ हट के

चावल बादाम रबड़ी—

1. एक चम्मच चावल को साफ पानी से धोकर आधा घंटे के लिए पानी में भिगो दें।

2. आधा किलो दूध को कढ़ाई में उबाले।

3. दूध उबालने पर चावल का(छलनी से) पानी छानकर चावल दूध में डाल दे व गैस को धीमा कर दे।

4. बादाम (10-12) को मिक्सी में बारीक पीस लें।

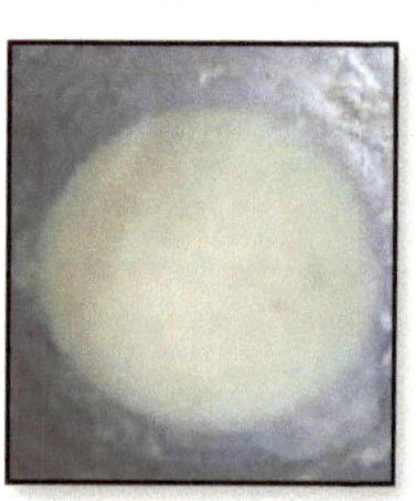

5. चावल पक जाने पर पीसे हुए बादाम को दूध में डाल दे।

6. एक मिनट बाद 4 चम्मच चीनी या स्वादानुसार चीनी डालकर आंच को तेज करके चीनी घुलने तक 1 मिनट पकाएं।

7. कढाई के किनारो से मलाई भी (चम्मच की सहायता से) रबड़ी में मिला दे।

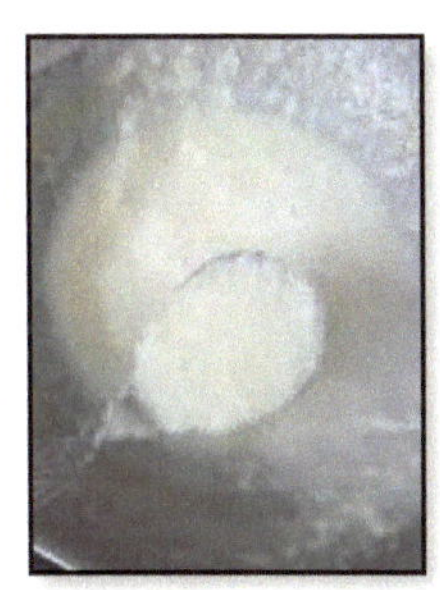

8. रबड़ी को अत्यधिक गाढ़ा ना करें क्योंकि ठंडी होने के बाद रबड़ी गाढी हो जाती है।

9. इसमें सूखे मेवे (ड्राई-फ्रूट) डालने की आवश्यकता नहीं है क्योंकि बादाम डाले हैं।

10. इलायची पाउडर डाल सकते हैं।

गाजर का हलवा 😊😊

गाजर का हलवा—

1. एक किलो दूध को छानकर कढ़ाई में गैस पर उबलने के लिए रखें।

2. आधा किलो गाजर को छीलकर धो लें और कद्दूकस कर लें।

3. दूध में उबाल आने पर कद्दूकस की हुई गाजर दूध में डाल दें, और धीमी आंच पर पकने दें।

4. जब दूध गाढ़ा हो जाए और गाजर पक जाएं तो उसमें एक कटोरी लगभग (ढाई सौ ग्राम) चीनी डाल दें। (चीनी स्वाद के अनुसार कम या ज्यादा डाल सकते हैं)

5. चीनी के पिघलने से हलवे का रंग खूबसूरत लाल होने लगेगा।

6. हलवे को लगातार चलाते रहे, और दो चम्मच घी ड़ाले।

7. जब हलवा इकट्ठा होकर कढ़ाई छोड़ने लगे, तो उसमें इलायची पाउडर, कटे हुए काजू, बादाम, पिस्ता और किशमिश डालें।

8. दो मिनट भूनकर गरमागरम परोसें।

9. परोसते समय सजावट के लिए ऊपर से कटे हुए काजू, पिस्ता बादाम डाल सकते हैं।

38

मैंगो जैली केक 😋😋

बच्चो के लिए 👶👶😊😊

मैंगो जैली केक—

(क)—

1. आम को छोटा-छोटा काट लें (लगभग आधा कटोरी)।

2. एक बर्तन में आधा कप केसर का शरबत, एक कप पानी में एक चम्मच अगर-अगर पाउडर मिलाएं।

3. दो मिनट चलाते हुए उबालें।

4. केक टिन, कांच के बर्तन या किसी स्टील के डिब्बे में पहले चॉकलेट के टुकड़े डाल दे।

मैने चॉकलेट मुस्क के बचे हुए चॉकलेट के टुकड़े डाले हैं।

5. यह मिश्रण चॉकलेट के टुकड़ों के ऊपर डाल दें व जमने दें।

(ख)—

1. एक कटोरी कोकोनट मिल्क में आधा कटोरी पानी, एक चम्मच अगर-अगर पाउडर व दो चम्मच चीनी डालकर 2 मिनट चलाते हुए पकाएं।

2. रंग बिरंगी टूटी-फ्रूटी डालकर इस मिश्रण को पहले मिश्रण के ऊपर डाले व जमने दें।

(ग)—

1. आधा कप पानी में आधा चम्मच अगर-अगर पाउडर व 2 बड़े चम्मच मैंगो जाली डालकर चलाते हुए पकाएं।

2. आम के टुकड़े रखने के बाद उसके ऊपर यह मिश्रण डाल दे।

3. रंग बिरंगी टूटी-फ्रूटी और चैरी से सजाएं।

4. ठड़ा होने (15 मिनट बाद) जैली को दो घंटे के लिए फ्रिज में रखें।

5. जैली निकालने के लिए जैली के किनारों पर टूथपिक लगा दें व धीरे से प्लेट मे पलटे।

6. यह रंग बिरंगी जैली बच्चों को अत्यंत पसंद आएगी। उनके लिए एक बार अवश्य बनाएं।

ब्रेड रबड़ी कलाकन्द

आसान मिठाई

1. कढ़ाई में आधा किलो दूध को उबाले।

2. दूध में उबाल आने पर दो चम्मच चीनी डाल दें।

3. दूध आधा रहने तक गाढ़ा करें

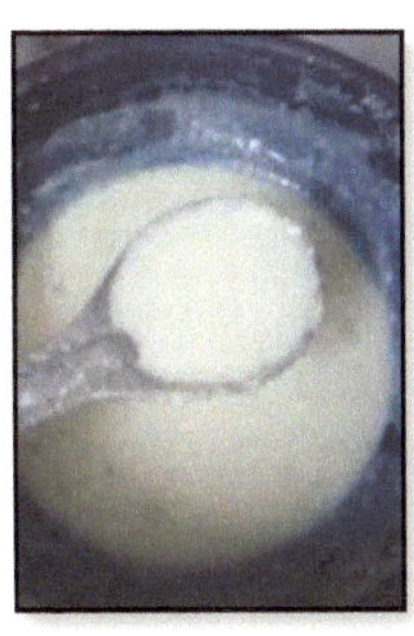 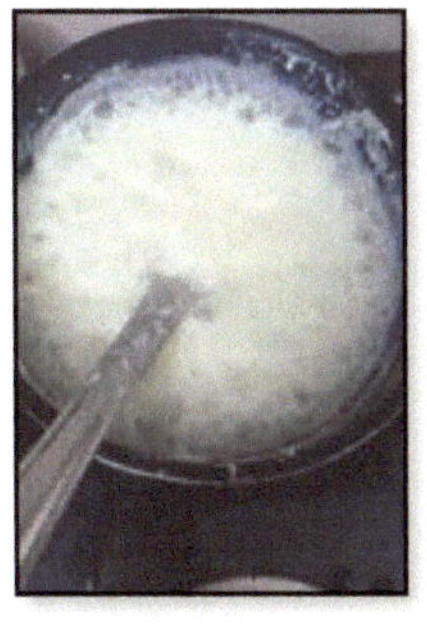

4. एक कटोरी में दो चम्मच चीनी और चार चम्मच पानी को घोल ले।

5. चार ब्रेड के किनारे काट लें।

6. काजू, बादाम, पिस्ते बारीक काट लें।

7. सबसे पहले ब्रेड के टुकड़ों को प्लेट में (प्लेट में भी बना सकते है) रखकर ब्रेड के टुकड़ों पर चीनी का पानी डालें।

8. अब रबड़ी डालें।

9. एक बार और ब्रेड के टुकड़ों को रखकर चीनी का पानी ड़ाले।

10. अब बची हुई रबड़ी भी ब्रेड पर डालकर ब्रेड रबड़ी कलाकन्द (मिठाई) को कटे हुए मेवो काजू, बादाम, पिस्ता व टूटी-फ्रूटी से सजा दे।

11. एक घंटे के लिए मिठाई को फ्रिज में रख दें।

ब्रेड पिज्जा

कुछ हल्का

ब्रेड पिज़्ज़ा—(शाम की भूख का साथी)

1. शिमला मिर्च, गाजर, टमाटर को बारीक-बारीक काट लें।

2. पिज्जा टॉपिंग (pizza Topping)☞।

3. चीज क्यूब (cheese cubes) को कद्दूकस कर लें।

4. हरी और काली जैतून (olive) को गोल काट ले।

5. ब्रेड पर पिज्जा टॉपिंग (pizza topping) लगाएं।

6. अब कटी हुई सब्जियां गाजर, टमाटर और शिमला मिर्च को ब्रेड के ऊपर डालें व दोनो रंग के जैतून (olive) ड़ाले।

7. कद्दूकस किया हुआ चीज (cheese) डालें।

8. माइक्रोवेव में कुरकुरा होने तक (लगभग 5 मिनट) सेके।

9. माइक्रोवेव को ब्रेड पिज़्ज़ा बनाने से पहले गर्म अवश्य करें।

10. परोसने से पहले ऑरेगैनो (origano) डालें।

11. इससे ब्रेड पिज़्ज़ा और अधिक स्वादिष्ट लगेगा।

मलाई लड्डू (बंगाली मिठाई)

व्रत में भी

1. एक लीटर दूध का छैना बना ले।

2. पनीर को हाथ से मसल लें या पनीर को कद्दूकस कर लें।

3. आधा किलो दूध को तेज आंच पर उबालें।

4. पाँच मिनट के बाद दूध के गाढ़ा होने पर चार चम्मच चीनी डालें।

5. जब दूध गाढ़ा होकर आधे से भी कम रह जाए तब उसमें पनीर को डालकर अच्छी तरह मिलाएं।

6. दूध को लगातार चलाते रहे।

7. गैस को धीमा ना करें मध्यम ही रखें।

8. दो चम्मच मलाई व आधा चम्मच इलायची पाउडर डालकर तेज आंच पर पकाएं।

9. मिश्रण के गाढ़ा होने पर (दूध सूख जाने पर) गैस बंद करने के बाद भी दो-तीन मिनट चलाते रहें। जिससे मिश्रण नीचे से जलेगा नहीं।

10. मिश्रण के ठंडा होने पर (लगभग एक घंटा के बाद) लड्डू बनाये।

४२
आलूबुखारा चटनी

चटपटा स्वाद

आलूबुखारा चटनी—

(क)-

1. आलूबुखारो को साफ पानी से धो लें।

2. आलूबुखारा की गुठली निकालकर छोटे-छोटे टुकड़ों में काट लें।

3. आलूबुखारा के टुकड़े, काला नमक, स्वादानुसार सफेद नमक, आधा चम्मच चीनी या गुड, भुना जीरा पाउडर, स्वादानुसार लाल मिर्च पाउडर डालकर मिक्सी में पीस लें।

4. आलूबुखारा स्वाद में खट्टा मीठा होता है इसलिए इस चटनी में नींबू डालने की आवश्यकता नहीं है।

(ख)—आलूबुखारा पुदीना चटनी–

1. आलूबुखारा को साफ पानी से धो ले।

2. आलूबुखारो की गुठली निकालकर छोटे-छोटे टुकड़ों में काट लें।

3. पुदीने की पत्तियों को साफ कर के तीन चार बार साफ पानी से धो लें।

4. आलूबुखारे के टुकड़े (एक कटोरी), पुदीना पत्ती (आधा कटोरी), काला नमक, स्वादानुसार सफेद नमक, भुना जीरा पाउडर, चीनी या गुड़, एक हरी मिर्च, एक अदरक के टुकड़े को मिक्सी में डालकर पीस लें।

5. झटपट तैयार है आलू बुखारे की स्वादिष्ट चटनी।

अभार

विशेष धन्यवाद—पुस्तक का प्रकाशन मेरे गुरुदेव का आशीर्वाद व मेरे श्री हरि भगवान की कृपा का प्रसाद है। इसलिए पुस्तक की प्रथम प्रति मै अपने गुरुदेव ओम स्वामी जी के चरण कमलों में अर्पण करती हूं।

रिया ओम जी का बहुत-बहुत धन्यवाद 🙏 उनके अथक प्रयास व परिश्रम से ही इस पुस्तक का प्रकाशन संभव हुआ है। उन्होंने ही मेरे सपने को साकार रूप दिया है जिस सपने को देखने का मुझमें सामर्थ्य ही नहीं था।

रौनक मित्तल (पुत्र) का भी आभार जिन्होंने अपने अमूल्य सुझाव व वित्तीय सहायता से इस कार्य को सफल बनाने में सहयोग किया है।

आश्रम के अनुयायियों व os.me के पाठको का भी धन्यवाद 🙏 जिनकी सौहार्दपूर्ण टिप्पणियों से मुझे लेखन की प्रेरणा मिलती है।

9 798888 783968